GRAFISK FORLAG *Copenaghen*

GYLDENDAL NORSK FORLAG *Oslo*

EMC CORP. *St. Paul, Minnesota, U.S.A.*

ERNST KLETT VERLAG *Stoccarda*

ESSELTE STUDIUM *Stoccolma*

EDIZIONI SCOLASTICHE BRUNO MONDADORI *Milano*

BORDAS EDITEUR *Parigi*

JOHN MURRAY *Londra*

TAMMI *Helsinki*

ASAHI SHUPPANSHA *Tokio*

WOLTERS/NOORDHOFF *Groningen*

EDITORIAL MAGISTERIO ESPAÑOL, S.A. *Madrid*

GRAFICA EDITÔRA PRIMOR *Rio de Janeiro*

DARIO FO

GLI IMBIANCHINI NON HANNO RICORDI

FARSA PER CLOWN

EDIZIONE SEMPLIFICATA AD USO SCOLASTICO E AUTODIDATTICO

Questa edizione, il cui vocabolario è composto con le parole italiane più usate, è stata abbreviata e semplificata per soddisfare le esigenze degli studenti di un livello leggermente avanzato.

Seguendo il metodo del VOCABOLARIO DELLA LINGUA ITALIANA compilato da NICOLA ZINGARELLI indichiamo l'accento (͵) sotto le parole non piane e sotto quelle piane polisillabe in cui la i costituisce sillaba a sé (es.: polizịa, bugịa). Nelle forme verbali finite l'accento è però riportato soltanto all'imperativo in composizione con i pronomi.

A cura di: Solveig Odland Portisch
Consulente: Ettore Lolli
Illustrazioni: Vif Dissing

© 1977 Grafisk Forlag A/S
ISBN Danimarca 87-429-7788-6

Stampato in Danimarca da
Grafisk Institut A/S, Copenaghen

DARIO FO

nasce nel 1926 a Sangiano in provincia di Varese. Inizia gli studi di architettura all'Università di Milano, studi che tuttavia interrompe per dedicarsi al teatro. Fin da bambino amava recitare imitando i 'fabulatori' che andavano di paese in paese.

Nel 1954 Fo sposa Franca Rame, la giovane attrice che diventerà la sua più stretta collaboratrice. Dopo i primi testi del 1952-54 («Poer nano», «Il dito nell'occhio», «Sani da legare») nascono ora le farse della 'Compagnia Dario Fo-Franca Rame', strettamente legate alle tradizioni della commedia dell'arte: «Ladri, manichini e donne nude», «I tre bravi», «Comica finale». Sono rielaborazioni di antichi canovacci tramandati di padre in figlio nella famiglia Rame.

Sono del 1959-67 le commedie «Gli arcangeli non giocano a flipper», «Chi ruba un piede è fortunato in amore», «La signora è da buttare». In questo periodo l'ironia e il grottesco diventano armi di critica contro la burocrazia statale, lo stato borghese, l'imperialismo americano.

Ispiratosi alle lotte operaie e studentesche, decide nel '68-'69 di abbandonare il teatro borghese e di cercare altrove il suo pubblico. Scioglie la vecchia compagnia e costituisce un altro gruppo: 'l'Associazione Nuova Scena', un teatro alternativo che recita nelle Case del Popolo. Tra le opere di questo periodo sono: «Mistero Buffo», «L'operaio conosce 300 parole, il padrone mille, per questo lui è il padrone».

A seguito della divisione del gruppo per ragioni di carattere politico e personale, Fo costituisce nel 1970 il 'Collettivo Teatrale La Comune', espressione culturale della sinistra rivoluzionaria in antitesi rispetto a quella revisionista e borghese. Dario Fo, Franca Rame e i loro compagni di lavoro, che con questa scelta entrano nella militanza politica sul fronte della cultura, intendono contrapporre ai valori borghesi quelli più profondi della cultura del popolo. Tra le opere sono: «Morte accidentale di un anarchico», «Guerra di popolo in Cile», «Non si paga, non si paga», «Fanfani rapito», «Parliamo di donne».

PERSONAGGI:

Vẹdova
Imbianchino
Capo
Signore
Anna
Daina
Sonia
Manichino (Giorgio)

manichino

---

vẹdova, donna a cui è morto il marito

Giorgio

giacca

panciotto

Vedova

Imbianchino

Capo

piolo

scala

Signore

vestaglia

Sonia

Daina

Anna

Suonano alla porta. Una donna sui trent'anni, vestita un po' all'antica, osserva un momento la stanza, mette in ordine qualche cosa, guarda con amore un manichino che è seduto in una *poltrona,* quindi va verso la porta di destra e la apre:

VEDOVA Vengo, vengo. Chi è? (apre)

IMBIANCHINO (entrando ha sulle spalle una *scala* di cui non vediamo che alcuni *pioli,* il resto rimane fuori della porta) L'imbianchino, signora... è qui che dovevamo venire, no?

VEDOVA Io veramente non aspettavo imbianchini, ma *tappezzieri.*

IMBIANCHINO Per fare che?

---

scala, piolo, vedi illustrazione pag. 7
tappezziere, chi per es. attacca le *tende,* fa le *poltrone* ecc.

VEDOVA Come per fare che? Ma scusi, lei è anche tappezziere, no?

IMBIANCHINO Ah io non lo so ... Bisogna che lei lo chieda al mio capo.

VEDOVA E va bene ... dov'è il suo capo?

IMBIANCHINO Adesso viene subito ... lo aspetti qui che arriva. Permette? (così dicendo entra tirandosi dietro la scala, poi esce dalla porta di sinistra fino a quando appare all'ultimo piolo della lunga scala un altro imbianchino)

VEDOVA Oh finalmente! Quel signore che ... sta dall'altro capo della scala mi ha detto* che lei ... è lei il capo?

CAPO Sì, sono io il capo.

VEDOVA Siete anche tappezzieri?

CAPO Allora quel *mascalzone* le ha detto di no?

VEDOVA No ... mi ha detto che ...

CAPO Ah sì?

VEDOVA No, non mi ha detto ... né sì né no ...

CAPO E invece sì ... tenga un momento la scala ... che gli devo parlare ... (così dicendo dà la scala alla signora che deve mettersi al suo posto, e facendo scorrere la scala, la costringe ad uscire dalla porta di destra fino a quando *ri*appare l'altro)

---

*dire
mascalzone, persona non buona
ri-, di nuovo

VEDOVA Ma che fa ... ma la prego, non ho mai portato una scala io.

CAPO Ma non è difficile. Naturalmente non bisogna pensare che sia una scala. Se no si dice subito: '*Accidenti* come sono pesanti queste scale.'

---

accidenti!, modo di dire come per es. 'Mamma mia!'

IMBIANCHINO (rientrando) Mi hai chiama-
to?...

CAPO (*afferrando*lo per il *bavero*) Che cosa sei
andato a raccontare alla signora?

IMBIANCHINO Ma...ma io non ho raccontato

---

afferrare, prèndere con forza

niente . . . mi ha chiesto* se eravamo anche tappezzieri . . . e io non sapevo proprio cosa rispondere . . .

CAPO Ah non sapevi . . . ma quante volte ti devo dire che qualsiasi lavoro che ti chiedano tu devi rispondere di sì . . . che sappiamo farlo . . .

IMBIANCHINO Ma il tappezziere . . . noi non sappiamo mica fare i tappezzieri . . .

CAPO Ah perché invece gli imbianchini . . . sappiamo fare gli imbianchini . . . Che *stupido*! . . . E poi, dico io, l'unica volta in una settimana che ci capita di trovare qualcuno che ci chiama . . . lui va a fare il difficile: non so, chissà, vedremo, chi lo sa! . . .

IMBIANCHINO E va bene . . . va bene . . . le dirò di sì . . . dov'è la signora?

CAPO Dall'altra parte della scala.

IMBIANCHINO Ah . . . tieni, le parlo subito . . . (fa scorrere la scala. Esce il Capo. Alla signora che sta entrando) Ben tornata . . . Ho parlato adesso col mio capo . . . ha detto di sì.

VEDOVA Mi fa piacere . . . ma non le pare che sia meglio che la tenga lei? (così dicendo passa la scala all'Imbianchino)

IMBIANCHINO Ah . . . sì . . . è meglio . . . scusi.

---

*chiedere
stupido, che capisce poco

VEDOVA Allora visto* che siete anche tappezzieri ... ci sarebbe da tirare giù quelle due tende
e attaccarne delle altre ... ma mi dica ... quanto mi farete spendere per due tende ... vede, io
sono una povera vedova e non posso disporre di
molto ...

IMBIANCHINO È vedova lei?

VEDOVA Sì ...

IMBIANCHINO Anch'io.

VEDOVA Anche lei è vedova?

IMBIANCHINO ... No ... io sono vedovo.

VEDOVA Ah già ... Eh, gran brutta cosa quando si resta soli ... lei mi può capire, vero ... spero che non mi farete pagare troppo ...

IMBIANCHINO No, ma bisogna parlare col mio
capo.

VEDOVA ... È vedovo anche lui?

IMBIANCHINO No, lui no ... ma sua moglie
sì ...

VEDOVA Sua moglie ... ma quando è morto?*
Poco fa era qui e non mi sembrava ...

IMBIANCHINO No ... sua moglie è vedova, ma
del primo marito ... lui non c'entra ... ma ve-
drà che vi metterete d'accordo ... ci
vediamo ... permette ... (ed esce tirandosi die-

---

*vedere
*morire

tro la scala, ma quando riappare l'ultimo piolo della scala, al posto del Capo appare un Signore)

SIGNORE Buon giorno, signora Lucia ... come va?

VEDOVA Oh ... signor Milvio ... ma cosa fa con quella scala? ...

SIGNORE Non so ... stavo scendendo le scale ... e un tale mi ha pregato di tenergliela un minuto ... mi ha chiesto dove fosse la toilette ... (dà alla Signora dei soldi) ed è andato su.

VEDOVA (prendendoli con aria di non interessarsene) Oh ... non era il caso che ... (cambiando voce) mancano ancora mille lire ...

SIGNORE Ma come? Non sono sempre state? ...

VEDOVA Sì, ma ... abbiamo dovuto spendere molto ... voglio che questa casa diventi veramente bella ...

SIGNORE (le dà ancora mille lire) Be' ... è già bella anche così ... anzi le dirò che se fossi in lei non la cambierei molto ... mi piace così ... non lo crederà, ma tutte le volte che vengo qui mi sembra di ritornare ragazzo, al tempo dei primi amori ... ma lasciamo correre ... i ricordi sono sempre *penosi* ...

VEDOVA Oh ... non dica così ... non è vero ...

---

penoso, che dà pena

i ricordi sono le uniche belle cose che abbiamo nella vita . . . io posso proprio dire che vivo di ricordi . . . alle volte ho perfino paura di aprire le finestre . . . ho paura che qualcosa di quello che ancora vive in questa stanza vada via . . . via per sempre . . . Perciò le apro il meno possibile.

SIGNORE . . . Sì . . . si sente . . . (si accorge del Manichino) Oh . . . non me lo ricordavo più . . . ma lo sa che sembra vivo?

VEDOVA Sì, gli *assomiglia* molto . . . Purtroppo è sempre un manichino . . . caro Giorgio . . . si ricorda? . . . stava sempre qui . . . era il suo posto preferito . . . (quasi piangendo) Ed ora non c'è più . . . c'è solo nei miei ricordi . . . lei non ha idea di quanto fosse felice questa casa . . .

SIGNORE Be' in un certo qual modo lo è ancora adesso . . . (entra il Capo imbianchino)

CAPO (riprendendosi la scala) Grazie . . . e scusi. Allora, signora, mi dica che cosa c'è da fare, così incominciamo subito.

VEDOVA Aspetti un momento, accompagno il signore e sono subito da lei . . . prego signor Milvio . . . grazie di essere venuto a trovarci . . . la vogliamo rivedere molto più spesso! (escono)*

---

assomigliare, si dice di due o più cose o persone che hanno qlco. in comune
*Domande a pag. 45

CAPO (considerando la scala) E adesso questa dove la mettiamo ... Aldo ... Aldo, vieni dentro ... (così dicendo fa scorrere la scala) Aiutami ad alzarla! (girandola danno un colpo in testa al Manichino. Soltanto adesso i due se ne accorgono) Chi è questo? Era con te?

IMBIANCHINO Oh, scusi signore ... si è fatto* male? Dio, ci mancava anche questa ... su ... su ... non è niente ... passa subito ... Giovanni, è morto ... l'abbiamo *ammazzato* ...

CAPO L'hai ammazzato ... Fa' un po' vedere ... non c'è niente da fare ... non vedi ... è bianco come la *cera* ...

IMBIANCHINO (quasi piangendo) Ma adesso cosa facciamo? Giovanni ... bisogna che *scappiamo* ...

CAPO Già bravo ... sanno che eravamo qui ... ci prenderanno subito ... Piuttosto ... Tu lo conosci? Mi sembra di averlo già visto ...

IMBIANCHINO Già ... se non fosse per i *baffi* e gli *occhiali* ... direi quasi che ... guarda un po'.

CAPO Ecco a chi assomiglia ... assomiglia a te ... puoi proprio dire che abbiamo fortuna ...

---

*fare
ammazzare, uccidere
cera, i manichini per es. venivano fatti di cera
scappare, correre via

IMBIANCHINO Perché... che fortuna è ammazzare uno che mi assomiglia?

CAPO ... Te lo dico io che fortuna è. Tiragli giù la gamba. *Sorreggi*lo. (alza il Manichino e lo mette in spalla all'altro) Adesso vai di là... sopra, al primo piano, c'è un *bagno*... ti metti i suoi vestiti...

occhiali
baffi

---

sorreggere, tenere su
stanza da bango, stanza dove ci si lava

IMBIANCHINO Ma perché devo portargli via i vestiti?

CAPO Dal momento che il morto sarai tu ...

IMBIANCHINO Cosa? Ma io non voglio morire ...

CAPO Cerca di capire! ... Tu ti metterai i suoi vestiti e poi vestirai lui con i tuoi ... da imbianchino ... così tutti crederanno che sei tu il morto e non lui ...

IMBIANCHINO Giovanni no, io non muoio. (lascia ricadere il Manichino sulla poltrona)

CAPO E va bene, se preferisci l'*ergastolo* ... avanti ... muoviti, dammi una mano. (il Capo si mette di spalle, pronto a portare il Manichino, l'Imbianchino gli offre una mano che il Capo prende, così che si trova a portare sulle spalle l'amico)

IMBIANCHINO Ecco la mano.

CAPO (che non si è accorto* del fatto che porta l'amico sulle spalle invece del Manichino) Ah, un'altra cosa ... su in bagno dovrai togliergli i baffi ... e tu invece ...

IMBIANCHINO (sempre in spalla al Capo) ... Me li faccio crescere.

CAPO Aldo, dove sei?

---

ergastolo, luogo dove si chiudono per tutta la vita coloro che hanno ammazzato
*accorgere

DANTE ALIGHIERI ACADEMY - 522

IMBIANCHINO Qui sono.

CAPO Dove sei, Aldo?

IMBIANCHINO Sempre al mio posto.

CAPO *Disgraziato*! (si rende conto che porta l'amico sulle spalle e lo lascia cadere in terra)

IMBIANCHINO Ma mi hai detto: dammi una mano.

CAPO Ma vieni qui, aiutami. No, non aiutarmi, faccio da solo. (prende sulle spalle il Manichino) Stavo dicendo una cosa: sopra in bagno, dovrai togliergli i baffi; tu invece...

IMBIANCHINO Me li faccio crescere. (escono)

CAPO (fuori campo) Ma no, te li farò io col *pennello* ... (rientra e mette a posto la scala ... entra una ragazza piuttosto giovane in *vestaglia* con la sigaretta in bocca)

ANNA *Salve* ... lei è il tappezziere, vero?

CAPO (rosso in faccia) Sì, sono il tappezziere ...

ANNA Era ora che la signora si decidesse a far fare qualcosa in questa casa ... (si accorge che il Manichino non c'è più) ... o bella ... e Giorgio ... dov'è? Scusi, quando è entrato lei non c'era qui un ...?

---

disgraziato, si dice a qlcu. quando fa una cosa che non piace
pennello, vedi illustrazione pag. 25
vestaglia, vedi illustrazione pag. 7
salve, modo di salutare

CAPO Sì ... era qui ... ma poi ... non so ... sarà uscito un momento ...

ANNA Uscito? ... Come ha detto? ... sarà venuto qualcuno a prenderlo ...

CAPO Ah, sì, adesso mi ricordo ... è venuto un suo amico ... a prenderlo ...

ANNA Un amico? ... Ah, sì, l'amico della signora ... il *restauratore* ...

CAPO ... E sì ... Ma, scusi, chi era quel signore ... che stava seduto dov'è seduta lei adesso?

ANNA Il marito della signora ...

CAPO Bell'uomo eh! ...

ANNA Già, e da vivo anche un bel mascalzone.

CAPO ... Come ... da vivo? ...

ANNA Dal momento che adesso è morto ...

CAPO (fra sé) ... Ah, quello stupido ha parlato ...

ANNA Povera signora, come ci ha sofferto* ... Oh, non creda, anch'io ci soffro ... gli volevo bene anch'io. Tutti gli volevamo bene a quel mascalzone. Ma fino ad arrivare al punto ... di volerlo *imbalsamare* come voleva lei ...

CAPO Lei voleva farlo imbalsamare? Oh!

ANNA Per fortuna siamo riuscite a convincerla

---

restauratore, persona che rimette le cose nello stato di prima
*soffrire
imbalsamare, preparare il corpo di un morto di modo che non cambi

a fare invece un manichino di cera...

CAPO Di cera... era di cera!!... Oh!

ANNA Ma già, trovarsi sempre fra i piedi quel *coso*... fa un tale senso.

CAPO Ma scusi... quando è morto... quel coso...

ANNA Giorgio? Tre anni fa.

VEDOVA (fuori campo) Anna... Anna... ti vogliono...

ANNA Vengo... permette... (esce; dall'altra porta entra l'Imbianchino nei vestiti del Manichino)

IMBIANCHINO Come sto... questa volta non avrai da dire, spero... Sono stato bravo, no?

CAPO Ma che bravo... sei stato stupido... Ma come hai fatto a non capire che quello non era vivo?

IMBIANCHINO Appunto... ho capito subito che era morto... no?

CAPO Ma che vivo o morto... quello era un manichino di cera...

IMBIANCHINO Cosa?

CAPO Ma sì... era un manichino del marito della signora che è morto tre anni fa...

IMBIANCHINO Va bene, ma tre anni fa noi non eravamo qui! Allora non siamo stati noi ad am-

---

coso, qualsiasi cosa di cui non si ricorda o non si vuol dire il nome mazzarlo . . . (e si siede sulla poltrona dove prima era il Manichino) Be' meno male . . .

CAPO Ma che meno male? . . . bisogna che tu vada subito di sopra a riprenderlo . . . rimettergli il suo vestito . . .

IMBIANCHINO Rifargli i baffi . . .

VEDOVA (fuori campo) . . . Scusi, signor tappezziere, ma c'era gente e allora . . .

CAPO Stai fermo, non ti muovere . . . prego, prego, signora . . . non è il caso di scusarsi. (entra la donna e si ferma)

VEDOVA Sta osservando il mio Giorgio? . . . Oh, mi sono dimenticata le tende . . . Ma gliele porterò subito . . . (esce)

CAPO Presto . . . prima che quella ritorni . . . dove hai messo* i colori?

IMBIANCHINO Lì . . . ma perché, cosa vuoi fare?

CAPO Farti i baffi da Giorgio . . . (mette un po' di color nero sul pennello)

IMBIANCHINO Ma perché?

CAPO Non facciamo in tempo ad andare a prendere quello vero . . . perciò il manichino lo farai tu . . . Se la signora si accorge di quello che abbiamo fatto del suo Giorgio ci butta fuori e allora niente lavoro . . . niente soldi . . . ma stai fermo . . . (il Capo incomincia a fare i baffi al povero Imbianchino)

---

*mettere

IMBIANCHINO (che non riesce a star fermo) Ma mi fai il *sollętico* ... eheece ... eheeeeecciii ... (e parte del colore che stava sul pennello va a finire in faccia al Capo)

CAPO Disgraziato! ... Męttiti gli occhiali ... li hai portati, spero ...

IMBIANCHINO Come no, ęccoli ... (se li mette) Come sto?

CAPO Stai bene ... Quando la signora viene, non ti muǫvere! (in quel momento entra la Vędova che vedęndolo vicino al suo Giorgio gli grida)

VEDOVA Ma cosa sta facendo ... con quel pennello ...

CAPO Col pennello? (costringendo l'amico a stare fermo) Ah ... stavo vedendo se ... sa così ... tanto per provare ... ho visto che aveva un baffo fuori posto ... e allora ... col pennello ...

VEDOVA Ah lei è anche restauratore? Bene ... aspettavo un mio amico restauratore ... ma visto che c'è lei ... Faccia un po' vedere cosa ha fatto ... (osserva attentamente la faccia del *finto* manichino) Ahhhaaa ... (si lascia andare *svenuta* fra le braccia del Capo)

---

sollętico, quello che sentiamo quando siamo toccati in certe parti del corpo
finto, non vero
svenire, pęrdere i sensi

CAPO Disgraziato, aiutami. Non vedi che la signora è svenuta?

IMBIANCHINO Ma... tu mi hai detto di non muovermi.

CAPO Non ti muovere... la signora sta *rinvenendo* ...

VEDOVA (rinvenendo e accorgendosi di essere caduta fra le braccia del Capo) Ahhh! Scusi.

CAPO La colpa è tutta mia...

VEDOVA Oh mio Dio... ho creduto che fosse vivo... lei è stato molto bravo... è il più bravo restauratore che io abbia mai conosciuto... (tira fuori alcuni *biglietti da mille* e ne dà una parte

---

rinvenire, riprendere i sensi

al Capo) Tenga... lei è stato veramente bravo...

CAPO Ma no... sono troppi... non ho fatto niente... solo un po' ai baffi...

VEDOVA La prego, li accetti!... Mi fa un vero favore...

CAPO Ma no... non posso...

VEDOVA E va bene, non guardo... (in quel mentre l'Imbianchino prende i soldi. Il Capo glieli toglie subito di mano e si mette tra i due in modo che la donna non possa vedere quello che succede)

CAPO Be'... grazie... accetterò questi soldi per aver rifatto i baffi col pennello. (ma questa volta l'Imbianchino afferra il resto dei soldi che sono rimasti* in mano alla donna mettendoli subito nel *panciotto*)

VEDOVA Accidenti... mi sono caduti i soldi che avevo in mano... (li cerca per terra) Chissà dove saranno andati a finire.

CAPO (parlando a voce bassa) Mascalzone, tira subito fuori quei soldi... (afferrandolo per il bavero)

IMBIANCHINO Neanche per idea... perché non le dai i tuoi?

VEDOVA (alzandosi) Cosa è successo*? Cosa

*rimanere
panciotto, vedi illustrazione pag. 7
*succedere

sta facendo? Oh ... vedo che ha trovato i miei soldi ... grazie. (e gli toglie di mano quelli che gli aveva dato poco prima)

CAPO Ma veramente ... be' ... sì ... li ho trovati sotto alla poltrona ... conti se ci sono tutti ...

VEDOVA Non bisogna ... si vede subito che lei è una persona *onesta* ... io me ne intendo ... anche Giorgio era una persona onesta ... e forse per questo non ha avuto molta fortuna ...

CAPO Be' ... non direi ... il fatto di essere il marito morto di una vedova come lei non è forse un gran pennello ... una gran fortuna?

VEDOVA Grazie ... (gira la testa all'Imbianchino) Lo guardi, si vede subito che doveva essere un uomo fuori del comune. Stava pensando di scrivere un grosso libro sulle *civiltà orientali* ... ma non ha fatto in tempo ... Guardi se non viene nessuno! (mette la mano dentro la *giacca* dell'Imbianchino facendogli così il solletico in modo che l'Imbianchino non riesce quasi a star fermo)

CAPO Da dove signora? ... Ma cosa sta facendo? ...

VEDOVA Metto via questi soldi prima che ... quando era vivo ... i soldi di casa li teneva sem-

---

onesto, che dice la verità; che ha il senso del giusto
civiltà orientali, il modo di vivere dei popoli dell'Oriente
giacca, vedi illustrazione pag. 7

pre lui ... e anche adesso non posso fare a meno di dąrglieli ... a parte che è più sicuro ... a nessuno può saltare in mente di venire a cercarli proprio qui ...

CAPO Ah sì, sono proprio al sicuro ... è come mętterli in banca ...

VEDOVA (guardando l'*orologio* che il finto manichino porta al panciotto) Accidenti, sono già le sei e un quarto ... Bisogna che gli *faccia* sųbito l'*iniezione* ...

CAPO L'iniezione? Quale iniezione? (l'Imbianchino ascolta pieno di paura)

VEDOVA Come lei sa, ci sono molti *insetti* che vivono di cera ... Se non gli dessi ogni giorno un'iniezione *insetticida* il mio pọvero Giorgio andrebbe a pezzi ...

CAPO E già, perché Giorgio è di cera ... (ride) Ah, ah ... e sì, allora bisogna fargli l'iniezione insetticida ... bene, bene ...

VEDOVA Appunto ... se lei permette vado a pręndere la *siringa* ... (esce)*

CAPO (ride) Ah ... ah! Un'iniezione insetticida ... Al Giorgio di cera ... Questa non l'avevo mai sentita!

IMBIANCHINO Ma io non sono di cera e l'iniezione te la fai fare tu, perché io me ne vado ...

---

insetticida, che uccide gli insetti
*Domande a pag. 45

orologio

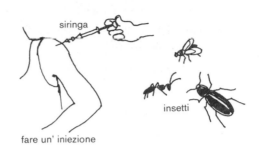

siringa

insetti

fare un' iniezione

CAPO Aspetta ... cosa vuoi che sia ... per una piccola iniezione, ti vuoi perdere tutta questa grazia di Dio! Ma pensa che fortuna abbiamo ... in mano ...

IMBIANCHINO (toccando la giacca) Prima di tutto sono io che ce l'ho la fortuna ... ma per questo non voglio avere qualcos'altro in qualche altro posto ... ti saluto ... (in quel mentre ecco entrare Anna con altre due ragazze anche loro in vestaglia)

CAPO Non muoverti ...

ANNA Senta un po'. Ma dov'è il suo amico?

CAPO Quale amico?

ANNA Ma sì, l'altro tappezziere ...

SONIA È un'ora che sta nel bagno ... non si sarà sentito male?

CAPO Chi? ... Quello si sente male? ... Si sente male all'idea di lavorare ... questo sì ... tutte le volte che c'è da fare, lui si chiude in un bagno e chi s'è visto s'è visto ...

DAINA Oh, ma guarda com'è bello oggi il nostro Giorgio... (gli si siede sulle *ginocchia*) Ma che gli è successo?

SONIA (osservando attentamente il finto manichino) Santo cielo... mi sembrava vivo... ma non trattarlo in modo che lo rompi... e adesso tocca a me...

ANNA Almeno andasse davvero in pezzi... quel coso...

SONIA Già... senti chi parla... sei ancora *gelosa*... (afferra Daina per il braccio) Adesso tocca a me...

DAINA Disgraziata! Mi fai cadere! (e infatti la donna cade tirandosi dietro il povero Imbianchino che fa sempre la parte di manichino. Entra la Vedova)

VEDOVA (grida) Disgraziate! Quante volte vi ho detto che... Avanti, tornate nelle vostre stanze... (le donne escono. La Vedova prende il finto manichino per il braccio per tirarlo su) Ma guarda se è il modo... mi dia una mano, presto!

CAPO Diamogli una mano. (e si dà da fare a sorreggere il manichino che si muove in un modo molto strano soprattutto quando la Vedova parla di iniezioni)

---

geloso, che ha paura di perdere per colpa di un altro l'amore della persona amata

ginocchia

VEDOVA Dobbiamo far presto altrimenti non
faremo in tempo a dargli l'iniezione ... Ma che
fa? Lo sorregga! (il manichino ricade per terra)
Dio mio ... e va bene, gliela faremo qui. (si *volta*
per prendere una siringa e subito il manichino si
volta dall'altra parte) Ma perché l'ha rivoltato?
Su, presto, mettiamolo come era prima, lo
giri ...

CAPO (riesce a metterlo in una strana posizio-
ne, con le gambe in aria e la testa in giù) Ecco,
così non si muove più ... Volevo chiederle una
cosa, signora, chi sono quelle ragazze che erano
qui poco fa? ...

---

voltare, girare

VEDOVA Sono le mie convṛdove...

CAPO Le sue convṛdove?

VEDOVA (rimanendo con la siringa a mezz'a-ria) Sì, le mie convṛdove... che prima della morte di Giorgio erano le mie conmogli... Insomma erano le altre mogli di Giorgio...

CAPO Le altre mogli?

VEDOVA Sì, lo so che le sembrerà un po' strano... Ma le avevo detto poco fa che mio marito si interessava di studi sulle civiltà orientali... Purtroppo Giorgio non aveva i mezzi per poter andare in Asia per seguire da vicino il modo di vivere di quei popoli. Così ho dovuto fargli alla bell'e meglio una casa dove poteva sentirsi tra gli orientali... che sono *poligami*... È stato molto difficile trovare donne pronte a fare quella vita...

CAPO E immagino...

VEDOVA Ma alla fine ci sono riuscita...

CAPO E come?

VEDOVA Ho comprato una casa di piacere.

CAPO Una casa di... allora quelle signore sarebbero delle...

VEDOVA Delle signorine... proprio così... lo so che è un po' fuori del comune... Ma il mio Giorgio doveva pur continuare i suoi studi...

---

poligamo, che ha più mogli allo stesso tempo

capo Con tutte quelle... ma mi facciano il piacere...

vedova Tenga bene che faccio l'iniezione... (ma il finto manichino si gira tra le braccia del Capo di modo che la signora fa l'iniezione nel *sedere* del Capo aiutata dall'Imbianchino stesso

che dal di sotto porta con la propria mano la siringa al punto giusto... il Capo grida e rimane come imbalsamato senza potersi muovere) Ecco fatto... (rimette a sedere il finto manichino) Purtroppo quelle disgraziate hanno finito per innamorarsi tutte quante del mio Giorgio... c'è voluto proprio che morisse perché tornassero a

---

il sedere, la parte del corpo su cui si sta seduti

fare giudizio... e rimęttersi a lavorare come si deve...

CAPO Eheche... mamma!

VEDOVA Eh, sì, a lavorare come facevano prima... mica posso mantenerle gratis... Ma lei è stanco dei miei discorsi... Mi scusi, adesso la lascio al suo lavoro... a presto... (esce)

IMBIANCHINO Ma guarda un po' dove siamo capitati... Eh... ma perché mi guardi a quel modo... cos'è dopotutto... l'hai detto anche tu: per una pįccola iniezione... e va bene... scųsami... non lo faccio più (gli dà un colpo sulla spalla, il Capo sta per cadere e l'Imbian-

---

fare giudizio, riconǫscere di aver sbagliato e cambiare per il meglio

34

chino appena riesce a sorreggerlo) Giovanni, ma ti senti male... Non sarà mica stata l'iniezione... oh Dio... non fare così... Giovanni... non fare quella faccia... (in quel mentre ecco che dal fondo appare il Manichino vestito da imbianchino che cammina come un *automa*) Ma cosa c'era in quella siringa che t'ha fatto la vedova?

MANICHINO Glielo dico io che cosa c'era in quella siringa... (l'Imbianchino si sente mancare)

IMBIANCHINO Ohoh... Dio... il manichino è tornato in vita...

MANICHINO Quell'iniezione era per me...

IMBIANCHINO Sì, sì, lo so... e per poco non me la prendevo io...

MANICHINO E è stato lei a portarmi nel bagno... a togliermi i baffi?...

IMBIANCHINO (sempre più pieno di paura) Sì, sì, sono stato io, perché in un primo tempo credevo...

MANICHINO Non importa... le devo la vita, signore... infatti se non fosse stato per lei, io a quest'ora sarei... ancora lì su quella poltrona, imbalsamato...

IMBIANCHINO Imbalsamato? Ah, ma allora lei non è il manichino del morto?

---

automa, macchina che assomiglia all'uomo

MANICHINO No ... io non sono mai morto ... mia moglie era gelosa e mi ha imbalsamato ... appunto per non lasciarmi andare in Marocco ...

IMBIANCHINO In Marocco? Imbalsamato per il Marocco?

MANICHINO Proprio così. Per avermi tutto quanto per sé ...

IMBIANCHINO E che se ne faceva di un uomo imbalsamato?

MANICHINO Lei non conosce le donne ... sono gli uomini più *egoisti* che vivano sulla terra ... Pensa: mi ha tenuto imbalsamato per tre anni! ...

IMBIANCHINO Tre anni? Così adesso il mio capo è imbalsamato per tre anni anche lui? ...

MANICHINO Non abbia paura ... soltanto per quarantott'ore ... se non gli fa un'altra iniezione ... come faceva appunto mia moglie a me ... Tutti i giorni ...

IMBIANCHINO E adesso come si fa? ... Se quella arriva e gliene fa un'altra siamo perduti ... Giovanni ... tre anni così ... non si mangia più.

MANICHINO Facciamo un altro manichino ... (incomincia a togliergli i vestiti da imbianchino) Abbiamo fortuna ... Porta sotto dei vestiti

---

egoista, che pensa soltanto a se stesso

neri… Mi dia una mano… Ecco fatto!…
(esce)

IMBIANCHINO Ah, ho capito … un altro manichino … (prende un pennello e incomincia a fare i baffi al Capo) Giovanni, adesso mi diverto
io … Adesso ti faccio i baffi alla Giorgio …

MANICHINO (rientrando) Ho trovato questa
giacca nella mia camera. (si mette la giacca) Ed
ora, per favore, mi faccia anche a me lo stesso
servizio. (si siede sulla poltrona vicina)

IMBIANCHINO (molto contento) I baffi anche
al signore… il signore è servito! (lavora saltan-
do dall'uno all'altro; ad un certo punto Giorgio
non può fare a meno di *starnutire,* e quasi allo
stesso tempo ecco che starnutisce anche il Capo)

MANICHINO Salute!

starnutire

ETciii…

IMBIANCHINO Grazie... ma non sono stato io... è stato lui...

MANICHINO Impossibile... è imbalsamato...

IMBIANCHINO Sarà imbalsamato, ma è stato lui... Guardi... (e incomincia a toccarlo sotto il naso con il pennello, e subito il Capo imbalsamato incomincia a starnutire) Ha visto?

MANICHINO Continui... continui... senza volerlo lei ha trovato l'unico mezzo per fargli riprendere i sensi...

CAPO Etccciii...

IMBIANCHINO Sì, sì,... continuo... salute...

CAPO Grazie... prego... etciii...

IMBIANCHINO Sta rinvenendo... forza, capo, che ci siamo...

CAPO Eh... cosa è successo? Non riesco a muovermi!

IMBIANCHINO Niente paura, capo... è soltanto un po' di insetticida...

MANICHINO Presto, mi aiuti ad alzarlo... bisogna costringerlo a camminare... (lo alzano) Poi lei rimanga qui... non si muova... (i due escono)

IMBIANCHINO Ancora! Se quella rientra e magari le salta in mente di imbalsamare anche me... (proprio in quel mentre ecco la Vedova che entra e rimane *sorpresa* nel vedere il mani-

---

sorpreso, è sorpreso chi non s'aspetta quello che succede

chino che si muove e parla) Va bene che poi uno starnutisce e allora ...

VEDOVA Oh, mio Dio ... sta rinvenendo ... Bisogna fargli un'altra iniezione ... (esce)

IMBIANCHINO (che ha sentito le ultime parole della Vedova) Eh, no ... questa volta me ne vado ... Accidenti, la porta è chiusa* ... e dove scappo adesso! ... Giovanni, sono perduto! (e si nasconde dietro una tenda) Mi nascondo qui dietro ... speriamo che non mi veda ...

CAPO (entrando sorretto* da Giorgio) Grazie, adesso va molto meglio ... se non altro riesco a muovermi ... Ma sa, in un primo tempo ho creduto quasi di essere imbalsamato ... Piuttosto, il mio amico era qui poco fa ... non lo vedo più ... Dov'è?

MANICHINO Non so ... L'avevo pregato di non muoversi ... aspetti, vado a vedere se è andato da quella parte. (esce)

CAPO Sì sì ... vada pure dove vuole ... io per me di qui non mi muovo ... ohoho ... (si siede sulla poltrona che sta nell'altra parte della stanza. In quel momento entra la Vedova con la siringa in mano e si accorge che la poltrona del Manichino è vuota)

VEDOVA Accidenti, sono arrivata tardi ... (ac-

*chiudere
*sorreggere

corgèndosi del Capo) Ah, meno male... è qua... (va verso il Capo)

IMBIANCHINO (da dietro la tenda) No, no, sono qua...

VEDOVA (voltàndosi sùbito mentre il Capo si nasconde dietro la poltrona) Come?... chi è?... (si volta e non trova più il Capo) Non c'è più...

IMBIANCHINO (uscendo da dietro la tenda) Sono qua!... Ma non ho nessuna voglia di farmi fare l'iniezione...

VEDOVA Ma Giorgio caro... lo faccio per il tuo bene...

MANICHINO (rientrando in quel momento) Ah, lo credo proprio per il mio bene!

VEDOVA (voltàndosi sorpresa) Ma da dove sei passato?

MANICHINO Non te lo dico.

VEDOVA (si rigira e non trova più l'Imbianchino che si è nascosto* di nuovo) Ma... ma... cosa succede? (anche il marito si è nascosto) Giorgio, ti prego... ascòltami...

CAPO (che si fa vedere) Ti ascolto, mia cara... ecco, ti ascolto... guarda come ti ascolto.

VEDOVA Oh, non scomparire a quel modo...

MANICHINO (*ricomparendo* seduto sulla poltro-

---

*nascòndere
ricomparire, farsi vedere di nuovo

na) È tutta colpa tua, mia cara, le iniezioni, a lungo andare, mi hanno ucciso* ... ed ora quello che vedi di fronte a te non è più il tuo Giorgio ... ma la sua forma *celeste* ...

VEDOVA (lasciando cadere la siringa sulla poltrona) Oh no, Giorgio ... non è possibile ...

IMBIANCHINO (ricomparendo) Eh sì, mia cara, è proprio così ... (gli altri due intanto si sono nascosti e ricompariranno di volta in volta nelle maniere più strane) Questa volta potrai veramente dire di essere vedova ... ahah!

CAPO Ah, ah, dovrai vivere di tristi ricordi che non ti lasceranno dormir ...

VEDOVA No, Giorgio, basta ... *perdona*mi ...

TUTTI E TRE È troppo tardi ormai! ...

VEDOVA (sviene nel vedere tutti e tre) Tre Giorgi ... noo, è troppo ... (si lascia cadere sulla poltrona)

CAPO È svenuta!

IMBIANCHINO (toccandole la fronte) È morta ... senti com'è fredda ...

CAPO (tira fuori la siringa dal di sotto della donna) Ecco di che si tratta, *s'è autosiringata* ...

---

*uccidere
celeste, del cielo
perdonare, scusare una colpa grave
s'è autosiringata, ha fatto l'iniezione a se stessa

IMBIANCHINO Be', una volta per uno a essere imbalsamati...

MANICHINO Bene... adesso sarò io a divertirmi... grazie a voi!...

IMBIANCHINO Quasi quasi le faccio i baffi anche a lei... però potrebbe starnutire...

MANICHINO Come posso ringraziarvi?

CAPO Be', forse un modo ci sarebbe...

IMBIANCHINO Visto che noi siamo tre Giorgi... e che Giorgio ha tre mogli...

IMBIANCHINO Una per uno non fa male a nessuno...

MANICHINO Già... si potrebbe... (le tre donne entrano)

TUTTE E TRE Giorgio... (guardano i tre) Uno, due, tre?... (e si buttano ognuna nelle braccia di un altro)

SONIA Ma come... prima eri morto e adesso sei in tre...

ALTRE DUE Tre Giorgi?

MANICHINO Non fateci caso, mie care...

TUTTE E TRE Oh, Giorgio!... (saltano tra le braccia dei loro uomini. L'Imbianchino invece è lui a saltare in braccio alla sua donna)

FINE

Domande da pag. 7 a pag. 15.

1. Che cosa vanno a fare gli Imbianchini in casa della Vedova?

2. Come si guadagnano la vita?

3. Che cosa sono per la Vedova i ricordi?

4. Che cosa è rimasto di Giorgio?

5. Perché al Signore piace la casa della Vedova?

Domande da pag. 15 a pag. 28.

1. Che cosa fanno gli Imbianchini quando credono di aver ammazzato il Manichino?

2. In che modo il Capo tratta l'Imbianchino?

3. Perché l'Imbianchino deve fare la parte del Manichino?

4. Perché la Vedova vuol pagare il Capo?

5. In che modo i soldi finiscono nel panciotto dell'Imbianchino?

Domande da pag. 28 a pag. 44.

1. Perché la Vẹdova vuol fare un'iniezione al Manichino?
2. Come trattano il Manichino le ragazze?
3. Perché Giorgio è un uomo fuori del comune?
4. Che tipo di casa è?
5. Qual è il lavoro delle ragazze?
6. Perché la Vẹdova fa un'iniezione al Capo e non all'Imbianchino?
7. Che cosa racconta il Manichino all'Imbianchino sulle iniezioni?
8. Qual è il piano del Manichino?
9. In che modo rinviene il Capo?
10. In che modo si salvano i tre?

TITOLI GIÀ PUBBLICATI:

Giovanni Boccaccio: Andreuccio da Perugia (A)
Dario Fo: Gli imbianchini non hanno ricordi (A)
Natalia Ginzburg: Ti ho sposato per allegria (A)
Piero Chiara: I giovedì della signora Giulia (B)
Collodi: Le avventure di Pinocchio (B)
Giovanni Guareschi: Don Camillo (B)
Ignazio Silone: Vino e pane (B)
Carlo Cassola: La ragazza di Bube (C)
Alberto Moravia: Sette racconti (C)
Vitaliano Brancati: Don Giovanni in Sicilia (D)

ER · EASY · READERS · FACILI · LETTURE ·

FACILI LETTURE vengono presentate in 4 serie:

A basata su un vocabolario di 600 parole
B basata su un vocabolario di 1200 parole
C basata su un vocabolario di 1800 parole
D basata su un vocabolario di 2500 parole

Opere della letteratura italiana ridotte e semplificate ad uso degli studenti.

I vocaboli e le strutture di questa edizione sono tra le più comuni della lingua italiana.

Vocaboli meno usuali o di più difficile comprensione vengono spiegati per mezzo di disegni o note.

L'elenco delle opere già pubblicate è stampato all'interno della copertina.

C'è sempre un EASY READER a Vostra disposizione per una lettura piacevole e istruttiva.

GRAFISK FORLAG *Copenaghen*. ISBN 87-429-7788-6

TAMMI *Helsinki*.   18

JOHN MURRAY *Londra*. ISBN 0 7195 3652 9

EDIZIONI SCOLASTICHE BRUNO MONDADORI *Milano*.

EMC CORP. *St. Paul, Minnesota, U.S.A.* ISBN 0-88436-296-5

GYLDENDAL NORSK FORLAG *Oslo*.

EDITORIAL MAGISTERIO ESPAÑOL S.A., *Madrid*.

GRAFICA EDITÔRA PRIMOR *Rio de Janeiro*.

BORDAS EDITEUR *Parigi*.

ESSELTE STUDIUM *Stoccolma*.

WOLTERS/NOORDHOFF *Groningen*.

ASAHI SHUPPANSHA *Tokio*.

ERNST KLETT VERLAG *Stoccarda*.   ISBN 3-12--5656

P9-AYA-088